Strum & Sing

GUITAR • VOCAL

BEST OF Kenny CHESNEY

Cover Photo © WENN Ltd/Alamy

ISBN 978-1-4950-1209-9

HAL•LEONARD®
CORPORATION

7777 W. BLUEMOUND RD. P.O. BOX 13819 MILWAUKEE, WI 53213

For all works contained herein:
Unauthorized copying, arranging, adapting, recording, Internet posting, public performance,
or other distribution of the printed music in this publication is an infringement of copyright.
Infringers are liable under the law.

Visit Hal Leonard Online at
www.halleonard.com

American Kids

Words and Music by Luke Laird,
Shane McAnally and Rodney Dale Clawson

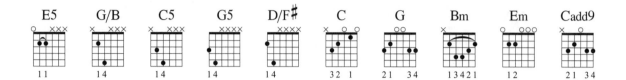

| E5 | G/B | C5 | G5 | D/F# | C | G | Bm | Em | Cadd9 |

Intro   ‖: E5 G/B | C5   G5 D/F# :‖ *Play 4 times*

Verse 1

‖ E5   G/B |
Dou - ble wide, Quick Stop,

| C5   G5 D/F# |
 Midnight ___ T top,

| E5   G/B | C5 G5 D/F#
Jack in her Cherry Coke town.

  | E5   G/B | C5   G5
Ma - ma and Daddy put their roots right ___ here

D/F# | E5   G/B | C5 G5 D/F#
'Cause this ___ is where the car broke down.

 | E5   G/B | C5   G5   D/F# |
Yel - low dog, school bus kicking up ___ red dust,

| E5   G/B | C5   G5   D/F# |
Picking us up ___ by a barbed wire ___ fence.

| E5 G/B | C5 G5
 MT - V on the RC - A,

D/F# | E5 G/B | C
No   AC in the vents.

Copyright © 2014 SONGS OF UNIVERSAL, INC., CREATIVE NATION MUSIC, TWANGIN AND SLANGIN SONGS,
UNIVERSAL MUSIC CORP., SMACK INK, BIG RED TOE and FARM TOWN SONGS
All Rights for CREATIVE NATION MUSIC and TWANGIN AND SLANGIN SONGS Controlled and Administered by SONGS OF UNIVERSAL, INC.
All Rights for SMACK INK Controlled and Administered by UNIVERSAL MUSIC CORP.
All Rights for BIG RED TOE and FARM TOWN SONGS Administered by BIG LOUD BUCKS
All Rights Reserved Used by Permission

Chorus 1

```
            ‖G                      |Bm
```
We were Je - sus save me, Blue ___ Jean Baby,
```
      |Em                 |Cadd9
```
Born ___ in the U.S.A.
```
       |G                      |Bm              |
```
Trail - er park, truck stop, faded little map dots,
```
|Em             |Cadd9
```
New York to L.A.
```
                 |G                      |Bm
```
We were teen - age dreaming, front ___ seat leaning,
```
   |Em                        |Cadd9
```
Ba - by, come give me a kiss.
```
       |G                      |Bm
```
Put ___ me on the cover of the Rolling Stone,
```
             |Em                       |Cadd9        |
```
Uptown, down-home American kids.
```
|E5         G/B   |C5        G5         D/F♯    |
```
 Growing up ___ in lit - tle Pink ___ Hous - es,
```
|E5         G/B   |C5        G5         D/F♯  |
```
 Making out ___ on liv - ing room ___ couch - es,
```
|E5         G/B   |C5        G5         D/F♯
```
 Blowing that smoke on Saturday night.
```
   |E5   N.C.                  |                     ‖
```
A little messed up, but we're all alright. *(Hey!)*

Interlude
```
            ‖: E5   G/B   |C5      G5   D/F♯ :‖
```

3

Verse 2

```
      || E5          G/B           |
  Bap - tist church parking lot,
  |C5        G5    D/F#      |
   Trying not to get caught,
  |E5                  G/B            |C5  G5  D/F#
   Take her home and give her your jack - et.
        |E5          G/B
  Mak - ing it to second base
       |C5          G5        D/F#   |
  But saying you went all the way
  |E5              G/B        |C5      G5  D/F#
   Monday after - noon at prac - tice.
  |E5       G/B  |C5   G5      D/F#   |
   Sister's got a  boy - friend
  |E5       G/B            |C5  G5
   Daddy doesn't like.
           D/F#  |E5          G/B
  Now he's ____ sit - ting out back
         |C5          G5
  Thirty-thirty in his lap
  D/F#  |Cadd9
  In the  blue bug zapper light.
```

Chorus 2   *Repeat Chorus 1*

Banjo Solo   ‖: E5   G/B |C5   G5 D/F# :‖ *Play 3 times*
                  |E5 |

Chorus 3   *Repeat Chorus 1*

Anything but Mine

Words and Music by
Scooter Carusoe

(Capo 2nd fret)

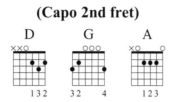

Intro ‖: D | | G | :‖

Verse 1

‖ D | | G |

Walkin' along beneath the lights of that miracle mile,

| | D | | G |

Me and Mary makin' our way into the night.

| | D |

You can hear the cries from the carnival rides,

| G | |

The pin - ball bells and the skeeball slides,

| D | | G |

Watching the summer sun fall out of sight.

| | A | | G |

There's a warm wind coming in   from off of the ocean,

| D | | G |

Making its way ___ past the hotel walls to fill the street.

| | D | | G |

And Mary is holding both of her shoes in her hand.

| D | A | D |

Said she likes to feel the sand beneath her feet.

Copyright © 2004 Gravitron Music
All Rights Administered by Bluewater Music Services Corp.
All Rights Reserved   Used by Permission

Chorus 1

     | ‖**D** |
And in the mornin' I'm leaving,
         |**G** |
Makin' my ___ way back to Cleveland,
          |**D** | |**G** |
So tonight ___ I hope that I will do just ___ fine,
| |**D** | |**G** | |
And I don't see how you could ever be
|**D** |**A** |**D** | |**G** |
Any - thing but mine.

Verse 2

     | ‖**D** | |**G** |
There's a local band playin' at the sea - side Pavilion,
       |**D** | |**G** |
And I got just enough cash to get us in.
| |**D** | |**G** |
And as we are dancing, Mary's wrap - pin' her arms around me,
       |**D** | |**G** |
And I can feel the sting of summer on my skin.
| |**A** | |**G** |
In the midst of the music   I tell her I love her
        |**D** | |**G** |
And we both laugh ___ 'cause we know it isn't true.
| |**D** | |**G** |
Ah, but Mary, there's a summer drawin' to ___ an empty night
      |**D** |**A** |**D** |
And there's so much that I long to do to you.

Chorus 2

  | **‖D** |
    But in the mornin' I'm leaving,

     |**G** |
  Makin' my ____ way back to Cleveland,

       |**D** | |**G** |
  So tonight ____ I hope that I will do just ____ fine,

  | |**D** | |**G** | |
    And I don't see how you could ever be

 |**D** |**A**   ‖
    Any - thing but…

Guitar Solo

 ‖**D** | |**G** | |
  Mine.

 |**D** | |**A** | |

 |**D** | |**G** | |

 |**D** |**A** |**D** |

Chorus 3

  | **‖D** |
    And in the mornin' I'm leaving,

     |**G** |
  Makin' my ____ way back to Cleveland,

       |**D** | |**G** |
  So tonight ____ I hope that I will do just ____ fine,

  | |**D** | |**G** | |
    And I don't see how you could ever be

 |**D** |**A** |**D** |
    Any - thing but mine.

 | | | |**G** | |
    Mary, I don't see how you could ever be

 |**D** |**A**   ‖
    Any - thing but…

Outro

  Repeat Guitar Solo and fade

Beer in Mexico

Words and Music by
Kenny Chesney

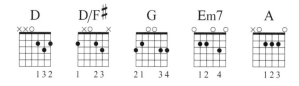

Intro

D			
	D/F♯	G	
D	D/F♯	G	N.C.	

Verse 1

||D |D/F♯ |
   Starin' out into the wild ___ blue yonder,
|G |
   So many thoughts to sit and ponder
|D |D/F♯ |
'Bout life and love and the lack ___ of
|G | |
And this emp - tiness in my heart.
|D |D/F♯ |
   Too old to be wild ___ and free still,
|G |
   Too young to be over the hill.
|D |D/F♯ |G |
Should try to grow up, but who___ knows where to start?

Chorus 1

| ||D |D/F♯ |G |
   So I'll sit right here and have ___ another beer in Mex - ico.
|N.C. |D |D/F♯ |G | |
   Do my best to   waste another day.
|D |D/F♯ |G |
Sit right here and have ___ another beer in Mex - ico.
| |Em7 |A |D |D/F♯ |G | ||
Let the warm air melt ___ these blues away.

Copyright © 2005 Sony/ATV Music Publishing LLC and Islandsoul Music LLC
All Rights Administered by Sony/ATV Music Publishing LLC, 424 Church Street, Suite 1200, Nashville, TN 37219
International Copyright Secured   All Rights Reserved

Verse 2

```
 ‖D                           |D/F♯
   Sun comes up and the sun ___ sinks down
              |G               |              |
   And I've   seen 'em both in this tourist town.
  |D            |D/F♯          |G           |          |
   Up for days in a rain ___ just tryin' ___ to search my soul
  |D                    |D/F♯              |
    For all the answers and the   reasons why
 |G                    |                   |
     I'm at this crossroads in my life and I
  |D              |D/F♯           |G         |
   Really don't know ___ which way to go.
```

Chorus 2

```
 |           ‖D                  |D/F♯              |G       |
     So I'll sit right here and have ___ another beer in Mex - ico.
  |N.C. |D            |D/F♯          |G       |      |
          Do my best to   waste another day.
  |D                  |D/F♯             |G      |
   Sit right here and have ___ another beer in Mex - ico.
  |          |Em7          |A                    ‖
   Let the warm air melt ___ these blues away.
```

Guitar Solo

```
 ‖D          |D/F♯      |G       |             |
  |D          |D/F♯      |G       |
```

Bridge

```
 |          ‖Em7           |
     Maybe I'll   settle down,
 |D/F♯           |G              |D/F♯        |
    Get married or   stay single and stay free.
 |Em7         |D/F♯       |G         |A           |
   Which road   I travel is   still a mys - t'ry to me.
```

Chorus 3

```
 |          ‖D                  |D/F♯              |G      |      |
     So I'll just sit right here and have ___ another beer in Mex - ico.
 |D              |D/F♯            |G     |N.C.    |
    Do my best to   waste another day.
 |D                   |D/F♯                |G      |
   Sit right here and have ___ another beer in Mex - ico.
 |          |Em7          |A              |D   |D/F♯  |G    |
   Let the warm air melt ___ these blues away
 |              |D   |D/F♯  |G   |N.C.     ‖
   Down in Mex - ico.
```

Outro

```
 ‖:D         |D/F♯      |G         |            :‖ Repeat and fade
```

Come Over

Words and Music by Shane McAnally,
Josh Osborne and Sam Hunt

(Capo 1st fret)

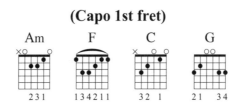

| Am | F | C | G |

Intro

‖: Am |F |C |G   :‖

Verse 1

‖ Am |
I turn ___ the TV off to turn it on again.
|F |C |
Starin' at the blades of the fan as it spins around.
|G |Am |
Count - in' ev'ry crack, the clock is wide awake.
|F |C |G   ‖
Talkin' to myself, anything to make a sound.

Pre-Chorus 1

‖ Am |
I told you I wouldn't call.
|F |
I told you I wouldn't care.
|C |G |
But, baby, climbin' the walls ___ gets me nowhere.
|Am |F |C |G
I don't think that I can take this bed gettin' any cold - er.

Chorus 1

‖ Am |
Come o - ver, come over, come over,
                |F |C |
Come over, come o - ver.

Copyright © 2012 Crazy Water Music, Smack Songs LLC, Little Blue Egg, Twang Tractor Music and Want A Fresh One Music
All Rights for Crazy Water Music, Smack Songs LLC and Little Blue Egg Administered Worldwide by Kobalt Songs Music Publishing
All Rights for Twang Tractor Music Administered by BPJ Administration, P.O. Box 218061, Nashville, TN 37221-8061
All Rights for Want A Fresh One Music Administered by Black River Entertainment, LLC
All Rights Reserved   Used by Permission

Verse 2

|G   N.C. ‖Am

     You ___ can say we're done the way you always do.

|F |C |

It's easier to lie to me than to yourself.

|G |Am

    Forget ___ about your friends,

                                       |F

You know they're gonna say we're bad ___ for each other

                            |C |G   ‖

But we ain't good for anyone else.

Pre-Chorus 2

Repeat Pre-Chorus 1

Chorus 2

                  ‖Am

Come o - ver, come over, come over,

                        |F |C |G   ‖

Come over, come o - ver.

Bridge

‖Am |F |

    We don't have to miss each other. ___ Come over.

|C |G |

    We don't have to fix each other. ___ Come over.

|Am |F |

    We don't have to say forever. ___ Come over.

|C |G   ‖

    You don't have to stay forever. ___ Come over.

Pre-Chorus 3

Repeat Pre-Chorus 1

Chorus 3

                  ‖Am

Come o - ver, come over, come over,

                        |F |C |

Come over, come o - ver.

|G |Am

    Come o - ver, come over, come over,

                        |F |C |G   ‖

Come over, come o - ver.

Outro

‖:Am |F |C |G   :‖ *Repeat and fade*

   Whoa, whoa, whoa.

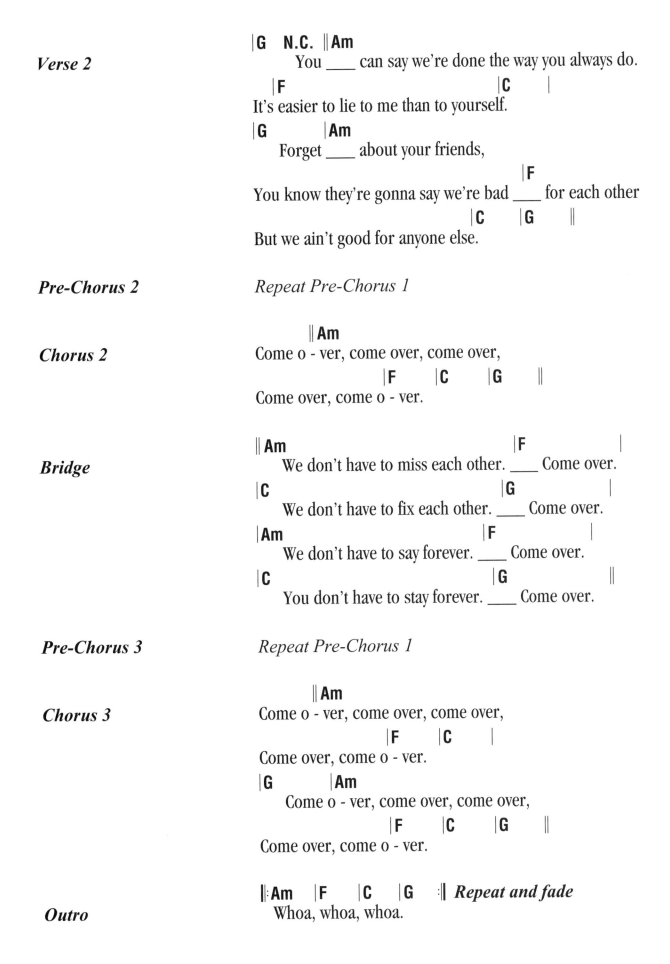

Don't Blink

Words and Music by
Casey Beathard and Chris Wallin

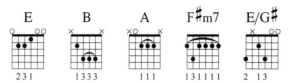

Intro

‖: E   B | A   B | :‖

Verse 1

‖E   B |
  I turned on the evenin' news,
|A   B | |
Saw an   old man being interviewed;
|E   B | |A B | |
  Turnin' a hundred and two today.
|E   B | |
  They asked him, "What's the se - cret to life?"
|A   B | |
  He looked up from ___ his old pipe,
|E   B | |A   B |
  Laughed and said, "All I can say ___ is…

Copyright © 2007 Sony/ATV Music Publishing LLC, WB Music Corp. and Mama's Dream Music
All Rights on behalf of Sony/ATV Music Publishing LLC Administered by
Sony/ATV Music Publishing LLC, 424 Church Street, Suite 1200, Nashville, TN 37219
All Rights on behalf of Mama's Dream Music Administered by WB Music Corp.
International Copyright Secured   All Rights Reserved

Chorus 1

```
|         ||E     B      |                        |A
      Don't blink.    Just  like that, you're six ___ years old
B          |                   |E        B          |
And you take a nap and you     wake up and you're twen - ty-five
                      |A                     B      |
Then your high ___ school sweetheart ___ becomes your wife.
          |E        B      |
Don't ___ blink. You just  might miss
              |A          B       |           |
Your ba - bies grow - in' like  mine did,
|E           B      |
      Turnin' in - to moms  and dads,
      |A           B        |          |F♯m7
Next thing you know,     your better half of fif - ty years
E/G♯    |               |A          E/G♯ |        |
Is there  in bed and you're prayin' God takes you instead.
|F♯m7              |                  |B           |
 Trust me, friend, a hundred years goes faster than you think.
|         |E    B |    |A    B |       |
      So, don't blink."
|E    B  |    |A    B |       ||
```

Verse 2

```
||E                    B      |
      Well, I was glued to my  TV
          |A          B        |              |
When it     looked like he looked  at me and said,
|E      B      |                    |A    B  |
   "Best start put - tin' first things first.
|                      |E          B  |
   'Cause when your     hourglass runs out of sand,
         |A          B      |          |
You can't    flip it ov - er,  start again.
|E              B      |                    |A        B  |
   Take ev'ry breath God gives you for what it's worth.
```

Chorus 2

Repeat Chorus 1

Bridge

```
B                        ||F♯m7        |
   So, I've been tryin' to slow it down,
|                   |E/G♯         |
   I've been tryin' to take it in
|            |A                   |
   In this here ___ today, gone tomor - row
              |B        |
World we're livin' in.
```

| ‖**E**   **B** | |**A**
"Don't blink.   Just like that, you're six ___ years old

B | |**E**   **B** |
And you take a nap and you   wake up and you're twen - ty-five

            |**A**   **B** |
Then your high ___ school sweetheart ___ becomes your wife.

        |**E**   **B** |
Don't ___ blink. You just might miss

        |**A**   **B** | |
Your ba - bies grow - in' like mine did,

|**E**   **B** |
    Turnin' in - to moms and dads,

  |**A**   **B** | |**F♯m7**
Next thing you know,   your better half of fif - ty years

E/G♯ | |**A**   **E/G♯**| |
Is there in bed and you're prayin' God takes you instead.

|**F♯m7** | |**B** |
Trust me, friend, a hundred years goes faster than you think.

| |**E**   **B**| |**A**   **B** |
  So, don't blink.

| |**E**   **B** | |**A** **B** |
  No, don't ___ blink.

| |**E**   **B** |
Don't ___ blink.

| |**A**   **B** |
Life goes faster than you think.

| |**E**   **B** |
  So, don't ___ blink.

| |**A**   **B** |
Life goes faster than you think.

| |**E**   **B**| |**A**   **B** |
Don't ___ blink.

| |**E**   **B** |
Don't ___ blink.

| |**A**   **B**| ‖
Life goes faster than you ___ think."

Outro   ‖:**E**   **B** | |**A**   **B** | :‖ *Repeat and fade*

Flora-Bama

Words and Music by Kenny Chesney,
Ross Copperman and David Lee Murphy

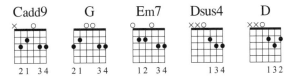

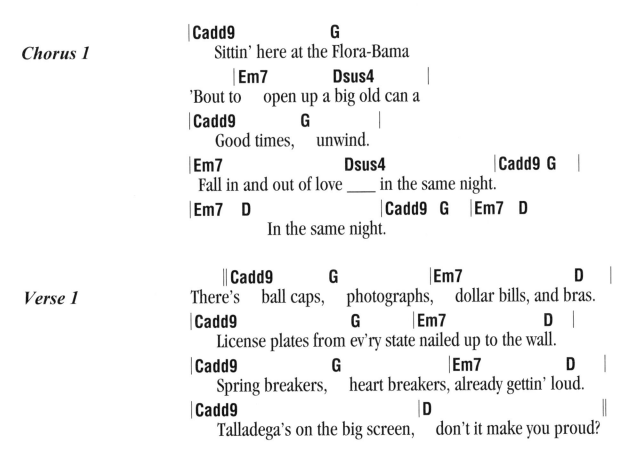

Chorus 1

|Cadd9   G
Sittin' here at the Flora-Bama
     |Em7   Dsus4 |
'Bout to   open up a big old can a
|Cadd9   G |
Good times,   unwind.
|Em7   Dsus4 |Cadd9 G |
Fall in and out of love ___ in the same night.
|Em7   D |Cadd9 G |Em7   D
In the same night.

Verse 1

‖Cadd9   G |Em7   D |
There's   ball caps,   photographs,   dollar bills, and bras.
|Cadd9   G |Em7   D |
License plates from ev'ry state nailed up to the wall.
|Cadd9   G |Em7   D |
Spring breakers,   heart breakers, already gettin' loud.
|Cadd9 |D   ‖
Talladega's on the big screen,   don't it make you proud?

Copyright © 2014 Sony/ATV Music Publishing LLC, Basuare Music, EMI Blackwood Music Inc.,
Songs By Red Room, Old Desperados, LLC and N2D Publishing Company, Inc.
All Rights on behalf of Sony/ATV Music Publishing LLC, Basuare Music, EMI Blackwood Music Inc. and Songs By Red Room
Administered by Sony/ATV Music Publishing LLC, 424 Church Street, Suite 1200, Nashville, TN 37219
All Rights on behalf of Old Desperados, LLC and N2D Publishing Company, Inc. Administered by Carol Vincent And Associates, LLC
International Copyright Secured   All Rights Reserved

Chorus 2

```
‖Cadd9           G              |
        Sittin' here at the Flora-Bama 'bout to
|Em7         D           |
        Open up a big old can a
|Cadd9         G              |
        Good times,    unwind.
|Em7              D              Cadd9|
        Fall in and out of love in the same night.
|              |G
Can't say I got a whole lot of cares,
    |Em7             D
I'm    in the red neck Riviera.
    |Cadd9                     |
It's    gettin' crazy, gettin' hammered,
|D                              |Cadd9   G   |
Sittin' right here at the Flora-Bama.
|Em7      D         |Cadd9   G   |
        At the Flora-Bama.
```

Verse 2

```
|Em7    D      ‖Cadd9          G         |Em7          D      |
        There's    high tide,    low tide, years of history.
|Cadd9          G              |Em7             D      |
Hurricanes with diff'rent names that almost took the beach.
|Cadd9          G         |Em7          D      |
    A sign that says, "Live your life," just for inspira - tion.
|Cadd9                              |D                     ‖
    Gonna raise a lot of hell tonight in the,    in the no shoes nation.
```

Chorus 3

Repeat Chorus 2

Bridge

```
|Em7    D      ‖Cadd9                    |D                        |
        Got your    "Who dat?" Go Vols,    roll tide and the Seminoles.
|Cadd9                    |D                            ‖
Old dogs, war eagle, a green eyed gator, that's barely legal.
```

Chorus 4

```
‖Cadd9                    G              |
     Sittin' here at the Flora-Bama 'bout to
|Em7         D              |
   Open up a big old can a
|Cadd9        G            |
   Good times,    unwind.
|Em7              D              Cadd9|
   Fall in and out of love in the same night.
|                   |G
   Can't say I got a whole lot of cares,
     |Em7                D
   I'm   in the red neck Riviera.
     |Cadd9                        |
   It's    gettin' crazy, gettin' hammered,
|D                              Cadd9|  G  |
   Sittin' right here at the Flora-Ba - ma.
|Em7      D          |Cadd9  G  |Em7  D   ‖
   At the Flora-Bama.
```

Guitar Solo

```
‖:Cadd9  G    |Em7    D      :‖ Play 4 times
```

Outro

```
‖Cadd9                |          |
     Don't it feel good?
   |                |         |
   Don't it feel good?
   |                 |        |
     Yeah, don't it feel good
   |                 |        |
   At the Flora-Bama?
   |                 |        |
   Sittin' here at the Flora-Ba - ma.
   |                      |        ‖
   Sittin' here at the Flora-Bama.
‖:Cadd9       |            :‖ Repeat and fade
```

The Good Stuff

Words and Music by
Craig Wiseman and Jim Collins

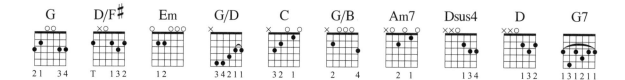

Intro

|N.C. |G |D/F♯ |

|Em |G/D |C |

Verse 1

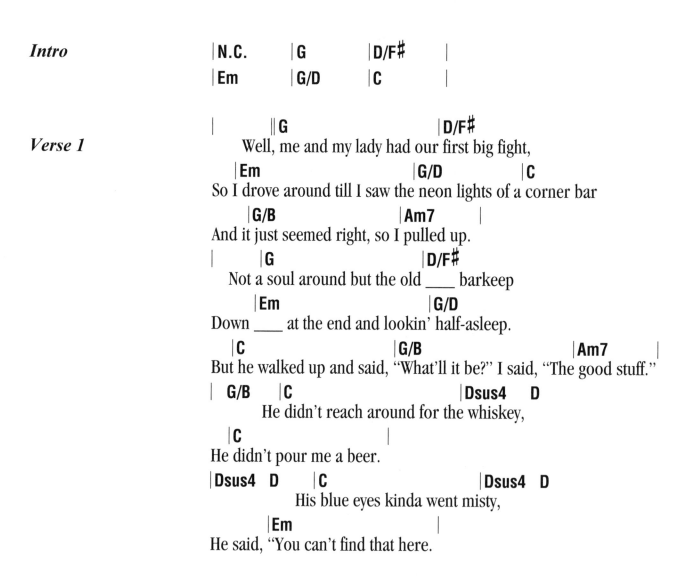

| ‖G |D/F♯
Well, me and my lady had our first big fight,

|Em |G/D |C
So I drove around till I saw the neon lights of a corner bar

|G/B |Am7 |
And it just seemed right, so I pulled up.

| |G |D/F♯
Not a soul around but the old ___ barkeep

|Em |G/D
Down ___ at the end and lookin' half-asleep.

|C |G/B |Am7 |
But he walked up and said, "What'll it be?" I said, "The good stuff."

| G/B |C |Dsus4   D
He didn't reach around for the whiskey,

|C |
He didn't pour me a beer.

|Dsus4   D |C |Dsus4   D
His blue eyes kinda went misty,

|Em |
He said, "You can't find that here.

Copyright © 2002 by Universal Music - MGB Songs, Mrs. Lumpkin's Poodle, Warner-Tamerlane Publishing Corp. and Spirit Of Nashville One
All Rights for Mrs. Lumpkin's Poodle Administered by Big Loud Bucks
International Copyright Secured   All Rights Reserved

Chorus 1

```
|     D/F#          ||G              |D/F#              |
         'Cause it's the first long kiss on a second date,
|Em                             |G7
 Mama's all worried when you get home late
          |C                        |G/B
And drop - pin' the ring in the spa - ghetti plate
              |Am7          G/B    |C
'Cause your hands are shak - in' so much.
D         |G                         |D/F#
      And it's the way that she looks with the rice ___ in her hair
    |Em                         |G7
And eatin' burnt suppers the whole ___ first year
         |C                  |G/B              |Am7      G/B  |
And ask - in' for seconds to keep her from tear  -  in' up.
|C        D              |G        |D/F#    |C        |
      Yeah, man, that's the good stuff."
```

Verse 2

```
|              ||G                    |D/F#             |
         He grabbed a carton of milk and he poured ___ a glass.
|Em                          |G/D
      And I smiled and said, "I'll have some of that."
    |C                          |G/B            |Am7           |
We sat there and talked as an hour passed like old ___ friends.
|         |G                       |D/F#
      I saw a black and white picture and he caught my stare.
         |Em                 |G/D
It was a      pretty girl with bouf - fant hair.
          |C                  |G/B                  |Am7         |
He said,      "That's my Bonnie, taken 'bout a year after we ___ wed."
|  G/B          |C              |Dsus4    D
      He said, "I spent five years in the bottle
          |C                  |Dsus4    D
When the cancer took her from me.
    |C                  |Dsus4      D
But I've been sober three ___ years now
          |Am7          G/B      |C      D
'Cause the one thing strong - er than the whiskey
```

Chorus 2

```
        ‖ G                    | D/F♯
Was the sight of her holdin' my baby girl,
    | Em                      | G7
The way she adored that string ___ of pearls
          | C                 | G/B              |
I gave ___ her the day that our young - est boy Earl
| Am7         G/B         | C
 Married his high - school love.
 D           | G                    | D/F♯        |
   And it's a new T-shirt sayin' I'm ___ a grandpa,
| Em                       | G7
 Bein' right there as our time ___ got small
           | C                | G/B          | Am7     G/B |
And hold - in' her hand when the good Lord called ___ her up.
| C        D        | G        | D/F♯  | C        |      ‖
   Yeah, man, that's the good stuff."
```

Interlude

```
        ‖ G        | D/F♯     | C              |
```

Outro

```
|              ‖ D                D/F♯           | G
   He said, "When you get home, ___ she'll start ___ to cry.
          | D        D/F♯     | G
When she says, 'I'm sor - ry,' say, 'So am I.'
   |          D/F♯          | Em7   G/D        | C         |
And look into ___ those eyes ___ so ___ deep in love
|           | D    |              | G      | D/F♯  | C      |
   And drink it up       'cause that's the good stuff,
|           | G        | D/F♯   | C     |     ‖
   That's the good stuff."
```

I Go Back

Words and Music by
Kenny Chesney

(Capo 1st fret)

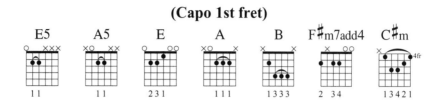

E5   A5   E   A   B   F#m7add4   C#m

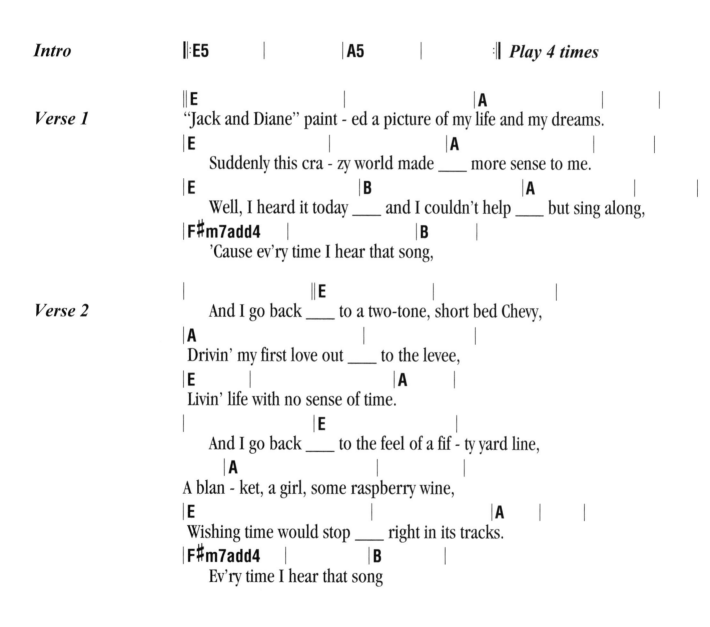

Intro

‖: **E5** | | **A5** | :‖ *Play 4 times*

Verse 1

‖**E** | | **A** | |
"Jack and Diane" paint - ed a picture of my life and my dreams.
|**E** | | **A** | |
    Suddenly this cra - zy world made ___ more sense to me.
|**E** | |**B** |**A** | |
    Well, I heard it today ___ and I couldn't help ___ but sing along,
|**F#m7add4** | |**B** |
    'Cause ev'ry time I hear that song,

Verse 2

| ‖**E** | |
    And I go back ___ to a two-tone, short bed Chevy,
|**A** | | |
  Drivin' my first love out ___ to the levee,
|**E** | |**A** |
  Livin' life with no sense of time.
| |**E** |
    And I go back ___ to the feel of a fif - ty yard line,
 |**A** | |
A blan - ket, a girl, some raspberry wine,
|**E** | |**A** | |
Wishing time would stop ___ right in its tracks.
|**F#m7add4** | |**B** |
    Ev'ry time I hear that song

Copyright © 2004 Sony/ATV Music Publishing LLC and Islandsoul Music LLC
All Rights Administered by Sony/ATV Music Publishing LLC, 424 Church Street, Suite 1200, Nashville, TN 37219
International Copyright Secured   All Rights Reserved

Chorus 1

```
|          ‖E        |        |A        |
          I go back.

|          |E        |        |A        |        ‖
          I go back.
```

Verse 3

```
‖E                            |            |A            |        |
  I used to rock all ___ night long to "Keep on Rockin' Me Ba - by"
|E                            |            |A            |        |
      At frat parties, col - lege bars, just tryin' ___ to impress the ladies.
|E                    |B                |A            |        |
      Well, I heard it today ___ and I couldn't help ___ but sing along.
|F♯m7add4    |                |B        |
      'Cause ev'ry time I hear that song,
```

Verse 4

```
|                    ‖E                    |
      And I go back ___ to the smell of an old ___ gym floor
                    |A                |
And the taste ___ of salt on a Car - olina shore
      |E                |                    |A        |
After graduation and drinkin' goodbye to friends.
|                    |E                |
      And I go back ___ to watchin' summer fade to fall,
          |A            |        |
Growin' up ___ too fast and I do recall
|E                        |                    |A    |        |
  Wishing time would stop ___ right in its tracks.
|F♯m7add4    |            |B            |
      Ev'ry time I hear that song
```

Chorus 2

```
|          ‖E        |        |A        |
          I go back.

|          |E        |        |A        |        ‖
          I go back.
```

Bridge

```
|| C#m            |                |A              |            |
     We all have ___ a song that some - how stamped our lives,
| F#m7add4        |        |B       |      |       |       |
     Takes us to ___ another place in time.
```

Verse 5

```
          |                ||E              |               |
     So, I go back ___ to the pew, preacher and a choir,
|A                    |
 Singin' 'bout God, brim - stone and fire,
          |E               |            |A          |
And the smell of Sunday chick - en after church.
     |                |E               |
     And I go back ___ to the loss of a real ___ good friend
               |A              |
And the six - teen summers of shar - ing with him.
     |E              |      |A          |          |
Now "Only the Good Die Young"       stops me in my tracks.
| F#m7add4      |          |B       |
     Ev'ry time I hear that song,
```

Chorus 3

```
     |          ||E      |      |A      |
 I'll go back.
     |          |E      |      |A      |       ||
 I'll go back.
```

Outro

```
|| E                |                |A
  To the feel of a fif - ty yard line, a blan - ket, a girl,
          |                |E        |
And some rasp - berry wine.
     |          |A     |          |E          |
I go back ___             to watch - in' summer fade into fall,
          |A          |          |E       |
Growin' up too fast and I do recall.
     |          |A     |          |E                  |
I go back, ___ I go back to the loss of a real ___ good friend
          |A              |              |E         |
And the sixteen summers I shared ___ with him.
     |          |A     |          |E      |      |A      |
I go back.          I go back.
     |          |E      |          |A      |
I go back.                              **Fade out**
```

How Forever Feels

Words and Music by
Wendell Mobley and Tony Mullins

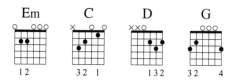

Intro   ‖:Em   C D | |Em   C D | :‖

Verse 1
‖G D   C |
Big orange ball
| D |G   D C | D |
Sinking in the water.
|G   D   C |
Toes in the sand,
| D |G   D C |
Couldn't get much hotter.
| D |Em   C |D
Little um - brella shaped margari - tas,
        |Em   C   D|
Coconut oil tannin'   senor - i - tas.
        |G   D |C   D |
Oh, now I know ___ how Jimmy Buffett feels.
|G D |C   D   ‖

Verse 2
‖G   D   C |
Hands on the wheel,
| D |G   D C | D |
Cruisin' down the interstate.
|G D   C |
Gas pedal sticks,
| D |G   D C |
Carries my car away.
| D |Em   C |
I was going as fast as a Rambler goes,
|D |Em   C   D |
I could feel the speed from my head to my toes.
| |G D |C   D |G D |C   ‖
Oh, now I know ___ how Richard Petty feels.

© 1999 WARNER-TAMERLANE PUBLISHING CORP., NEW WORKS MUSIC CO. and WB MUSIC CORP.
All Rights for NEW WORKS MUSIC CO. Administered by WARNER-TAMERLANE PUBLISHING CORP.
All Rights Reserved   Used by Permission

Pre-Chorus 1

```
‖Em                C            |D        G  |
    Well, I've been a - round a block a time or two,
|Em            C         |D              |
    Done almost ev'rything a boy can do,
|Em                   C        |D              G
    And I've done some livin', yeah, ___ I've had fun,
     |C                   |D             |        ‖
But there is one thing that I      haven't done.
```

Verse 3

```
‖G    D  C      |  D          |G        D  |
Saved two months, ___ bought a little diamond.
|C   D   |G    D    |C   D            |G      D |
      To - night's the night, ___ feels like perfect timing.
|C   D          |Em     C    D    |
      Down on one knee on Mama's front ___ steps,
              |Em      C       |D         |
Man, I'm gonna die if she really says, ___ "Yes."
|G   D          |C          D     |G   D  |C      ‖
I    wanna know ___ how for - ever feels.
```

Pre-Chorus 2   *Repeat Pre-Chorus 1*

Chorus

```
‖G   D          |C          D    |G     D  |
I    wanna know ___ how for - ever feels.
|C   D    |G   D          |C          D   |G   D  |
      Hey, I   wanna know ___ how for - ever feels.
|C   D    |G   D          |C          D  |G    D  |C    ‖
      Girl, I   wanna know ___ how for - ever ___ feels.
```

Outro

```
‖Em  C  |D            |Em   C  |D            |
|Em  C  |D            |Em   C D |            ‖
```

25

No Shoes No Shirt (No Problems)

Words and Music by
Casey Beathard

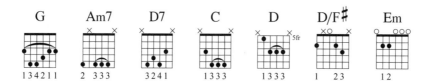

Intro

‖: G | | | |

|Am7 D7 |Am7 D7 |G | | :‖

| | | | |

|Am7 D7 |Am7 D7 |G | |

Verse 1

| ‖G | |

I've been up ___ to my neck workin' six ___ days a week,

| | |

Wearin' holes in the soles of the shoes ___ on my feet.

|Am7   D7 |Am7   D7 |G | |

Been dreamin' of get - tin' away ___ since I don't ___ know.

| |C   Am7 |C |D | |

Ain't no ___ better time ___ than now ___ for Mexico.

Chorus 1

| ‖C |D |G | | |

No shoes, ___ no shirt ___ and no prob - lems.

|C |D |G | |

Blues? What blues? ___ Hey, I for - got 'em.

| |C |D |G D/F♯ | |

The sun and the sand and a drink in my hand   with no ___ bottom.

|Em |C |D7 |G | |

And no shoes ___ and no shirt ___ and no prob - lems,

| | | |

No prob - lems.

Copyright © 2002 Sony/ATV Music Publishing LLC
All Rights Administered by Sony/ATV Music Publishing LLC, 424 Church Street, Suite 1200, Nashville, TN 37219
International Copyright Secured   All Rights Reserved

Verse 2

```
|                ‖G                        |
   Want a towel ___ on a chair and the sand ___ by the sea.
|                           |
Wanna look through my shades and see you ___ there with me.
     |Am7   D7        |Am7   D7      |G        |
Wanna soak up life for a while ___ in laid-back ___ mode.
|     |C          Am7  |C        Am7       |D        |
  No boss, no clock, ___ no stress, no ___ dress code.
```

Chorus 2

```
|            ‖C        |D          |G     |     |
   No shoes, ___ no shirt ___ and no prob - lems.
|C                |D        |G        |
 Blues? What blues? ___ Hey, I for - got 'em.
|     |C                   |D            |G        D/F#      |
   The sun and the sand and a drink in my hand    with no ___ bottom.
|Em             |C          |D7         |G        |
 And no shoes ___ and no shirt ___ and no prob - lems.
```

Bridge

```
|        ‖C                |D            |G         D/F#  |
   Babe, ___ let's get packed, tank tops and flip-flops if you got 'em.
|Em              |C         |D7          |G        |
 But no shoes ___ and no shirt ___ and no prob - lems,
|        |        |      |Am7 D7 |Am7 D7 |G        |        ‖
  No prob - lems.
```

Outro

```
‖:G        |        |        |        |
|Am7   D7  |Am7   D7  |G        |              :‖ Repeat and fade
```

Out Last Night

Words and Music by
Kenny Chesney and Brett James

A   D   E   F#m7   Bm7

Intro

|A | |D | |
|A | |D |

Verse 1

||A | |D |
We went out ___ last night   like we swore ___ we wouldn't do.
| |A |D |
Drank too much beer last night,   a lot more ___ than we wanted to.
| | |E |
There were girls ___ from Argentina and Arkansas,
|D |E |
Maine, ___ Alabama and   Panama,
|D |E |
All ___ mixed together and having a ball.

Chorus 1

||D |E |F#m7 |
Yeah, we went out   last night,
| | |
One thing started leadin' to another.
|D |E |F#m7 |
Out   last night,
| |
Hittin' on ev'ry - body and their mother.
|D |E |
There were two karaoke girls drunk ___ on a dare
|D |E |
Singin' "I Got You Babe" by Sonny and Cher.
|D | |
Yeah, life ___ was good ev'rywhere.
|E |A |D |
We went out last night.

Copyright © 2009, 2011 Sony/ATV Music Publishing LLC, Islandsoul Music LLC, Stage Three Songs and WB Music Corp.
All Rights on behalf of Sony/ATV Music Publishing LLC and Islandsoul Music LLC
Administered by Sony/ATV Music Publishing LLC, 424 Church Street, Suite 1200, Nashville, TN 37219
All Rights on behalf of Stage Three Songs Administered by Stage Three Music (US), Inc., a BMG Chrysalis Company
International Copyright Secured   All Rights Reserved

Verse 2

| ‖**A** | |**D**

Well, you know I'm a mu - sic man, I grew up ___ in East Tennessee.

| |**A** | |**D**

Last night I was ev'rything   when I got ___ a few drinks in me.

| | |**E**

I was a doctor, a lawyer, a senator's son,

|**D** |**E**

Brad ___ Pitt's brother and a band on the run,

|**D** |**E**

An - ything I thought would get the job done.

Chorus 2

| ‖**D** |**E** |**F♯m7**

Yeah, we went out   last night,

| |

One thing started leadin' to another.

|**D** |**E** |**F♯m7**

Out   last night,

|

Hitting on ev'ry - body and their mother.

|**D** |**E**

There were people doin' body shots up ___ on the bar.

|**D** |**E**

Jimmy in a fistfight out ___ by the car.

|**D** |

Ev'ry - body was some kind of star

|**E** |**A**

When we went out last night.

Bridge

```
    |              ‖E                    |
        Well, the fact ___ that I'm still breath - in'
            |Bm7                    |
    Means that I ___ must have survived
    |      |E          |         |Bm7          |E        |
        And that I lived to go out with my friends again tonight.
```

Chorus 3

```
    |              ‖D    |E      |F♯m7
        Oh, we went out     last night,
                    |               |
    One thing started leadin' to another.
    |D     |E          |F♯m7
     Out      last night,
                    |
    Ev'rybody started lovin' on each other.
            |D                    |E
    They were dancin' on the tables and howlin' at the moon,
        |D                  |E
    Pair - in' off together and ___ pretty soon
            |D                    |E                    ‖
    There ___ was not a soul in sight ___ when we went out last night.
```

Outro

‖: **A** | **D** | :‖ *Repeat and fade*

Pirate Flag

Words and Music by
Ross Copperman and David Lee Murphy

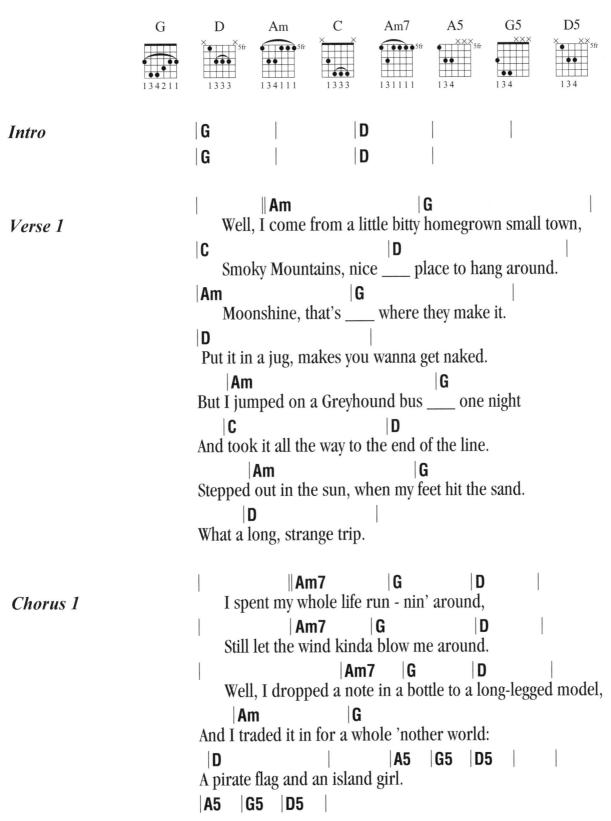

Intro

| G | | D | |
| G | | D | |

Verse 1

| | ||Am | G | |

Well, I come from a little bitty homegrown small town,

|C | |D | |

Smoky Mountains, nice ___ place to hang around.

|Am | G | |

Moonshine, that's ___ where they make it.

|D | |

Put it in a jug, makes you wanna get naked.

|Am | G |

But I jumped on a Greyhound bus ___ one night

|C |D |

And took it all the way to the end of the line.

|Am | G |

Stepped out in the sun, when my feet hit the sand.

|D | |

What a long, strange trip.

Chorus 1

| | ||Am7 |G |D | |

I spent my whole life run - nin' around,

| | |Am7 |G |D | |

Still let the wind kinda blow me around.

| | |Am7 |G |D | |

Well, I dropped a note in a bottle to a long-legged model,

| | |Am | G |

And I traded it in for a whole 'nother world:

|D | | A5 |G5 |D5 | |

A pirate flag and an island girl.

|A5 |G5 |D5 | |

© 2012 EMI BLACKWOOD MUSIC INC., ROSS COPPERMAN SONGS, 4 TUNES MUSIC PUBLISHING LTD.,
OLD DESPERADOS, LLC and N2D PUBLISHING COMPANY, INC.
All Rights for ROSS COPPERMAN SONGS and 4 TUNES MUSIC PUBLISHING LTD. Controlled and Administered by EMI BLACKWOOD MUSIC INC.
All Rights for OLD DESPERADOS, LLC and N2D PUBLISHING COMPANY, INC. Administered by CAROL VINCENT AND ASSOCIATES, LLC
All Rights Reserved   International Copyright Secured   Used by Permission

Verse 2

```
|            ‖Am                    |G                    |
         Well, my friends back home think I've gone and lost my mind.
|C                      |D                    |
  Take a sip of rum and you really would know why.
|Am                 |G           |
  Jolly Roger flyin' on the picnic table,
|D                 |
  Blender in the kitchen, willin' and able.
       |Am                    |G
Don't know what makes you say, "What the hell,"
              |C                      |D           |
But when the salt air catches a hold ____ of that sail,
|Am                      |G
  Somethin' 'bout it makes her just wanna dance.
       |D           |
And she loves to dance.
```

Chorus 2

```
|              ‖Am7        |G        |D        |
         I spent my whole life run - nin' around,
|             |Am7      |G          |D        |
     Still let the wind kinda blow me around.
|                    |Am7    |G         |D         |
     Well, I dropped a note in a bottle to a long-legged model,
     |Am          |G
And I traded it in for a whole 'nother world:
  |D              |        |A5    |    |G5  |D5    |
A pirate flag and an island girl.
|A5      |        |G5     |
```

Bridge

|D5 ||C |
I re - member back home 'neath the big ol' moon,

           |D | |
Tucked back in the woods, yeah, life was good.

|C | |D |
But here we are in a local bar, drinkin' shootin' stars.

Chorus 3

| ||Am7 |G |D |
I might spent my whole life run - nin' around,

| |Am7 |G |D |
Still let the wind kinda blow me around.

| |Am7 |G |D |
Well, I dropped a note in a bottle to a long-legged model,

  |Am |G
And I traded it in for a whole 'nother world:

|D | |Am |
A pirate flag and an island girl.

|G |D | |Am |
A pirate flag and an island girl.

|G |D | ||
A pirate flag and an island girl.

Outro

|G | |D | |

|G | |D | |
A pirate flag and an island girl.

|G | |D | |
A pirate flag and an island girl.

|G | |D |D5 ||

She Thinks My Tractor's Sexy

Words and Music by
Jim Collins and Paul Overstreet

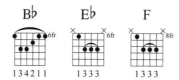

Intro   ‖: Bb | | | :‖

Verse 1

Bb |
Plowin' these fields in the hot summer sun

       | |
And over by the gate, lordy, here she comes

         |Eb | |Bb |
With a basket full of chicken and a big cold jug of sweet tea.

   | | | |
     I make a little room and she climbs on up.

   | |
Open up her throttle and stir ____ a little dust.

   |Eb | |F |
Just look at her face,   she ain't foolin' me.

Chorus 1

   | N.C.   ‖Bb |F |Bb |
     She thinks my tractor's sex - y,   it really turns her on.

   | | |F |Bb |
     She's always starin' at me   while I'm chuggin' along.

   | |Eb   Bb |F   Bb
     She likes the way it's pullin' while we're tillin' up the land.

   |Eb   Bb |F |
     She's even kinda crazy 'bout my farmer's tan.

   |Eb   Bb |F   Bb |Eb |
     She's the only one who real - ly under - stands what gets ____ me.

   | N.C. |Bb | | |
     She thinks my tractor's sex - y.

© 1998, 1999 EMI BLACKWOOD MUSIC INC., JELINDA MUSIC and SCARLET MOON MUSIC, INC.
All Rights for JELINDA MUSIC Controlled and Administered by EMI BLACKWOOD MUSIC INC.
All Rights Reserved   International Copyright Secured   Used by Permission

Verse 2

| ‖ **B♭** | |

We ride back and forth till we run out of light.

| | |

Take it to the barn, put it up for the night.

| **E♭** | | **B♭** |

Climb up in the loft, sit and talk with the radio ___ on.

| | |

She says she's got a dream and I ask what it is.

| |

She wants a little farm and a yard full of kids

| **E♭** | | **F** |

And one more teeny weeny ride before I take her home.

Chorus 2

| **N.C.**   ‖ **B♭** | **F** | **B♭** |

She thinks my tractor's sex - y,   it really turns her on.

| | | **F** | **B♭** |

She's always starin' at me   while I'm chuggin' along.

| | **E♭**   **B♭** | **F**   **B♭**

She likes the way it's pullin' while we're tillin' up the land.

| **E♭**   **B♭** | **F** |

She's even kinda crazy 'bout my farmer's tan.

| **E♭**   **B♭** | **F**   **B♭** | **E♭** |

She's the only one who real - ly under - stands what gets ___ me.

| **N.C.** | **B♭** |

She thinks my tractor's sex - y.

Bridge

| ‖**F** |

Well, she ain't into cars or pickup trucks,

| | |

But if it runs like a Deere, man, her eyes light up.

| **N.C.**   **F** |

She thinks my tractor,

Chorus 3

|**N.C.**   ‖**B♭** |**F** |**B♭** |

    She thinks my tractor's sex - y,   it really turns her on.

| | |**F** |**B♭** |

    She's always starin' at me   while I'm chuggin' along.

| |**E♭**   **B♭** |**F**   **B♭** |

She likes the way it's pullin' while we're tillin' up the land.

   |**E♭**   **B♭** |**F** |

She's even kinda crazy 'bout my farmer's tan.

|**E♭**   **B♭** |**F**   **B♭** |**E♭** |

  She's the only one who real - ly under - stands what gets ___ me.

| **N.C.** |**B♭** |

    She thinks my tractor's sex - y.

|**F** |**B♭** |

    She thinks my tractor's sex - y.

|**F** |**B♭** | |**N.C.** ‖

    She thinks my tractor's sex - y.

Outro

‖:**N.C.(B♭)** | | | :‖ *Repeat and fade*

Somewhere with You

Words and Music by
Shane McAnally and John Thomas Harding

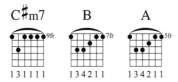

Intro

|C♯m7 | |B | |
|C♯m7 | |B | |

Verse 1

| ‖C♯m7 |
　　　　If you're goin' out　　　with someone new,

| |B |
　　　　I'm goin' out　　　with someone, too.

| |A | |
　　　　I won't feel ___ sorry for me.　　　I'm gettin' drunk.

|B | |
　　　　But I'd much rather be　　　somewhere with you,

|C♯m7 |
　Laughin' loud on a carnival ride, yeah, drivin' around Saturday night.

| |B
You made fun of me for singin' my song.

|
Got a hotel room just turn you on.

|A |
Said pick me up at three A.M., you're fighting with your mom again.

|B | |C♯m7 |B |
And I'd go, I'd go, I'd go somewhere with you.

Copyright © 2009, 2010 Crazy Water Music, Smack Songs LLC,
Little Blue Egg and Songs Music Publishing, LLC d/b/a Mighty Seven Music o/b/o JTX Music and Songs MP
All Rights for Crazy Water Music, Smack Songs LLC and Little Blue Egg Administered Worldwide by Kobalt Songs Music Publishing
All Rights Reserved   Used by Permission

Verse 2

    | ‖**C♯m7** |
  I won't sit outside your house,
| |**B** |
Wait for the lights to go out.
| |**A** |
  Call up an ex to rescue me.
| |**B** |
  Climb in their bed when I'd much rather sleep

  Somewhere with you,
|**C♯m7** |
  Like we did on the beach last summer when the rain came down
              |**B** |
And we took cover down in your car out by the pier.
| |**A**
Laid me down, whispered in my ear, "I hate my life, hold on to me.
    | |**B** |
Oh, if you ever decide to leave, then I'll go, I'll go, I'll go."

Chorus 1

    | ‖**C♯m7** |
  I can go out ev'ry night of the week,
| |**B** |
Can go home ___ with anybody I meet,
| |**A** |
But it's just ___ a temporary high.
| |**B** |
'Cause when I close my eyes
| |**C♯m7** |
I'm somewhere with you,
| |**B** |
Somewhere with you.

Verse 3

    | ‖**C♯m7** |
  If you see me out on the town
| |**B** |
  And it looks like I'm burnin' it down,
| |**A** |
  You won't ask ___ and I won't say.
| |**B** |
  But in my heart ___ I'm always somewhere with you,
|**C♯m7** |
  Laughin' loud on a carnival ride, yeah, drivin' around Saturday night.
   |**B** |
You made fun of me for singin' my song.

        |
Got a hotel room just turn you on.
    |**A** |
Said pick me up at three A.M., you're fighting with your mom again.
    |**B** |
And I'd go, I'd go, I'd go.

Chorus 2

    | ‖**C♯m7** |

I can go out ev'ry night of the week,

    | |**B** |

Can go home ___ with anybody I meet,

    | |**A** |

But it's just ___ a temporary high.

    | |**B** |

'Cause when I close my eyes

    | |**C♯m7** |

I'm somewhere with you,

    | |**B** |

Somewhere with you.

    | |**A** |

 Somewhere with you,

    | |**B** | |

I'm somewhere with you.

|**C♯m7** | |**B** | |

|**A** | |**B** |

| |**C♯m7** | |**B** |

Somewhere with you.

| |**A** |

Somewhere with you.

| |**B** | ‖

Somewhere with you.

Outro

‖: |**C♯m7** | |**B** | |

|**A** | |**B** | :‖ *Repeat and fade*

Summertime

Words and Music by
Steve McEwan and Craig Wiseman

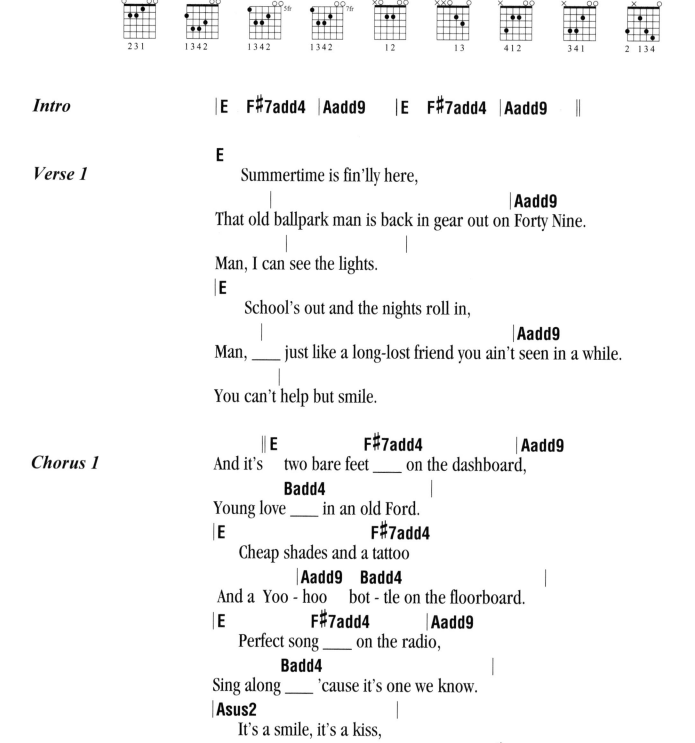

Intro |E F#7add4 |Aadd9 |E F#7add4 |Aadd9 ||

Verse 1

           E
       Summertime is fin'lly here,
        | |Aadd9
That old ballpark man is back in gear out on Forty Nine.
        | |
Man, I can see the lights.
|E
   School's out and the nights roll in,
        | |Aadd9
Man, ____ just like a long-lost friend you ain't seen in a while.
        |
You can't help but smile.

Chorus 1

          ||E   F#7add4 |Aadd9
And it's   two bare feet ___ on the dashboard,
        Badd4 |
Young love ___ in an old Ford.
|E   F#7add4
   Cheap shades and a tattoo
        |Aadd9 Badd4 |
And a Yoo - hoo   bot - tle on the floorboard.
|E   F#7add4 |Aadd9
   Perfect song ___ on the radio,
        Badd4 |
Sing along ___ 'cause it's one we know.
|Asus2 |
   It's a smile, it's a kiss,
        | |E   F#7add4 |
   It's a sip of wine, it's summertime.
|Aadd9 Badd4 |E   F#7add4|Aadd9 Badd4 ||
       Sweet summertime.

© 2005 EMI BLACKWOOD MUSIC INC., BIRDS WITH EARS MUSIC and BIG LOUD SHIRT
All Rights for BIRDS WITH EARS MUSIC Controlled and Administered by EMI BLACKWOOD MUSIC INC.
All Rights for BIG LOUD SHIRT Administered by BIG LOUD BUCKS
All Rights Reserved   International Copyright Secured   Used by Permission

Verse 2

```
‖E
        Temp'rature says ninety-three

        |
Down ___ at the Deposit and Guarantee,
        |Asus2              |              |
But that swimmin' hole, it's nice and cold.
|E
    Bikini bottoms underneath,

        |
But the    boy's hearts still skip a beat
            |Asus2                    |
When them girls shimmy off them old ___ cutoffs.
```

Chorus 2

Repeat Chorus 1

Bridge

```
‖ Dsus2                   |Aadd2/C♯                    |
    The more things change,    the more they stay the same.
    |F♯m7add4                 E/G♯
    It don't matter how old ___ you are,
                    |Aadd9
Man, you know ___ what I'm talkin' 'bout.
Badd4                               ‖
Yeah, baby, when you got…
```

Chorus 3

```
‖E          F♯7add4            |Asus2
    Two bare feet ___ on the dashboard,
        Badd4                  |
Young love ___ in an old Ford.
|E                       F♯7add4
    Cheap shades and a tattoo
        |Asus2    Badd4                    |
 And a  Yoo - hoo bottle rollin' on the floorboard.
|E          F♯7add4          |Asus2
    Perfect song ___ on the radio,
        Badd4                          |
Sing along ___ 'cause it's one we know.
|Asus2                       |
    It's a smile, it's a kiss,
|                                    |E    F♯7add4  |
    It's a sip of wine, it's summertime.
|Aadd9  Badd4                    |E    F♯7add4|Aadd9  Badd4  ‖
            Sweet summertime.
```

Outro

```
‖: E   F♯7add4 |Aadd9  Badd4  :‖ Repeat and fade
```

41

There Goes My Life

Words and Music by
Neil Thrasher and Wendell Mobley

(Capo 2nd fret)

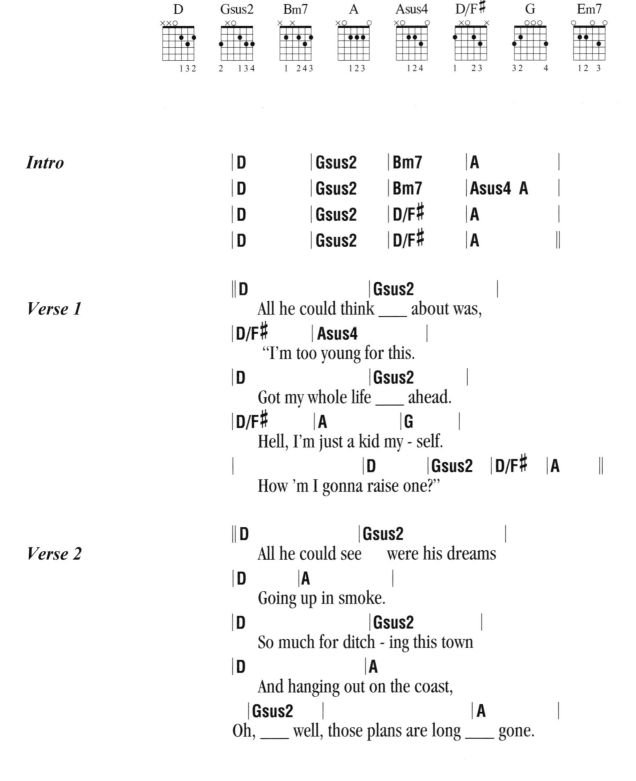

Intro

D	Gsus2	Bm7	A
D	Gsus2	Bm7	Asus4 A
D	Gsus2	D/F#	A
D	Gsus2	D/F#	A ‖

Verse 1

‖D |Gsus2 |
All he could think ___ about was,
|D/F# |Asus4 |
"I'm too young for this.
|D |Gsus2 |
Got my whole life ___ ahead.
|D/F# |A |G |
Hell, I'm just a kid my - self.
| |D |Gsus2 |D/F# |A   ‖
How 'm I gonna raise one?"

Verse 2

‖D |Gsus2 |
All he could see   were his dreams
|D |A |
Going up in smoke.
|D |Gsus2 |
So much for ditch - ing this town
|D |A
And hanging out on the coast,
|Gsus2 | |A |
Oh, ___ well, those plans are long ___ gone.

Copyright © 2003 BMG Gold Songs, Sweet Summer Music, Major Bob Music, Inc. and Warner-Tamerlane Publishing Corp.
All Rights for BMG Gold Songs and Sweet Summer Music Administered by BMG Rights Management (US) LLC
All Rights Reserved   Used by Permission

Chorus 1

```
|              ||D              |A      |Gsus2  |Asus4  A |
```
And he said,   "There goes ___ my life.

```
|D           |A      |Gsus2     |D/F#
```
There goes ___ my fu - ture, my ev - 'rything.

```
        |Em7     |D/F#      |Gsus2        |
```
Might ___ as well kiss it all good - bye.

```
|                 |D    |Gsus2  |D/F#  |A        ||
```
There goes my life."

Verse 3

```
||D                   |Gsus2
```
A couple years of up ___ all night

```
     |D              |A             |
```
And a few thousand dia - pers later,

```
|D                          |G          |
```
That mistake he thought ___ he made

```
|D                |A
```
Covers up the re - frigerator.

```
     |Gsus2                   |D     |A      ||
```
Oh, ___ yeah, he loves that lit - tle girl.

Verse 4

```
||D                      |Gsus2      |
```
Mama's waiting to tuck ___ her in

```
|D                 |A            |
```
As she fumbles up ___ those stairs.

```
|D              |Gsus2      |
```
She smiles back ___ at him

```
|D                |A
```
Dragging that ted - dy bear.

```
     |Gsus2      |               |A        |
```
Sleep ___ tight,   blue eyes and bounc - ing curls.
```
```

Chorus 2

```
                              ‖D              |A        |Gsus2  |Asus4  A  |
        And he smiles,     "There goes ___ my life.
      |D            |A       |Gsus2      |D/F♯
      There goes ___ my fu - ture, my ev - 'rything."
                |Em7        |D/F♯       |G          |
      "I love ___ you, Dad - dy, goodnight."
      |A                          ‖
        There goes my life.
```

Bridge

```
      ‖G      |D/F♯            |Em7               |
                    She had that Hon - da loaded down
      |D/F♯         |G
        With Aber - crombie clothes
        |D/F♯             |A        |                 |
      And fifteen pairs of shoes ___ and his American Express.
      |G                |D/F♯                   |
        He checked the oil, ___ slammed the hood,
      |Em7            |D/F♯
        Said, "You're good ___ to go."
                   |A        |
      She hugged 'em both
      |D/F♯                    |Asus2  |G      |    D    |
        And headed off to the West Coast.
```

Chorus 3

```
      |Asus4        ‖D              |A        |Gsus2  |A      |
        And he cried,     "There goes ___ my life.
      |D          |A     |Gsus2      |D/F♯
      There goes ___ my fu - ture, my ev - 'rything.
                |Em7      |D/F♯      |G      |      ‖
      I love ___ you, ba - by, good - bye."
```

Outro

```
      ‖: D        |Gsus2   |D/F♯       |
      |A                  |D   |Gsus2  |D/F♯ |A    :‖ Repeat and fade
        There goes my ___ life.
```

You and Tequila

Words and Music by
Matraca Berg and Deana Carter

Tune down 1/2 step:
(low to high) Eb-Ab-Db-Gb-Bb-Eb

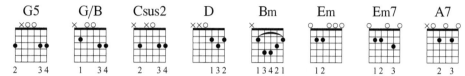

G5   G/B   Csus2   D   Bm   Em   Em7   A7

Intro   ‖: G5 | G/B   Csus2 | G5 | G/B   Csus2 :‖

Verse 1

‖ G5 | G/B   Csus2 |
    Baby, here I am again,

| G5 | G/B   Csus2 |
    Kickin' dust in the canyon wind

| G5 | G/B   Csus2 | G5 | G/B   Csus2 |
    And waitin' for ___ that sun ___ to go ___ down.

| G5 | G/B   Csus2 |
    Made it up Mul - holland Drive,

| G5 | G/B   Csus2 |
    Hell-bent on gettin' high,

| G5 | G/B | Csus2 | G5 | ‖
    High above ___ the lights ___ of ___ town.

Copyright © 2003, 2010 SONGS OF UNIVERSAL, INC., HANNABERG MUSIC, WB MUSIC CORP. and DEANALING MUSIC, LLC
All Rights for HANNABERG MUSIC Controlled and Administered by SONGS OF UNIVERSAL, INC.
All Rights for DEANALING MUSIC, LLC Administered by WB MUSIC CORP.
All Rights Reserved   Used by Permission

Chorus 1

```
           ‖D          |                 |G5        |         |
           You and te - quila make me cra - zy.
           |D          |                 |G5        |         |
           Run like poi - son in my blood.
           |Bm         |                 |Em        |         |
           One more night could kill me, ba - by.
           |Csus2      |        |
            One is one too man - y.
           |           |       |D        |G5    |G/B Csus2 |G5    |G/B Csus2 ‖
           One more is never enough.
```

Verse 2

```
           ‖G5         |G/B       Csus2  |
           Thirty days and thirty nights,
           |G5         |G/B       Csus2  |
           Been puttin' up a real good fight.
           |G5                   |G/B
           And there were times
                       Csus2 |G5      |G/B Csus2  |
           I thought ___ you'd win.
           |G5         |G/B     Csus2  |
           It's so easy to forget
           |G5                  |G/B     Csus2  |
           The bitter taste the morn - in' left.
           |G5                  |G/B     Csus2  |G5     |       ‖
           Swore I wouldn't go back there again.
```

Chorus 2

```
           ‖D          |                 |G5        |         |
           You and te - quila make me cra - zy.
           |D          |                 |G5        |         |
           Run like poi - son in my blood.
           |Bm         |                 |Em        |         |
           One more night could kill me, ba - by.
           |Csus2      |        |
            One is one too man - y.
           |           |       |D        |        ‖
           One more is never enough.
```

Bridge

```
‖Em7              |      |A7              |              |
     When it comes to you,    oh, the damage I could do.
 |Em7             |      |Csus2   |    |    |    ‖
     It's always your fav'rite sins    that do you in.
```

Guitar Solo

```
‖:G5      |G/B  Csus2 |G5      |G/B  Csus2 :‖
```

Chorus 3

```
‖D              |              |G5      |      |
     You and te - quila make me cra - zy.
 |D              |              |G5      |      |
     Run like poi - son in my blood.
 |Bm             |              |Em      |      |
     One more night could kill me, ba - by.
 |Csus2          |              |
  One is one too man - y.
 |               |D              |G5      |      |
     One more is never enough,
 |G/B      Csus2      |G5      |G/B  Csus2  |
     Never ____ enough.
 |G5            |G/B  Csus2 |G5        |G/B  Csus2  |
     You and te - quila.
 |G5            |G/B  Csus2      |G5   |G/B  Csus2  ‖
     You and te - quila  make me cra - zy.
```

Outro

```
‖:G5      |G/B  Csus2 |G5      |G/B  Csus2 :‖ Repeat and fade
```

When the Sun Goes Down

Words and Music by
Brett James

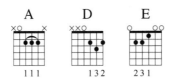

Intro

|A |D E   A |D E A ||

Verse 1

||A |D   E |
Suntan toes ticklin' the sand,
|A |D   E |
Cold drink chillin' in my ___ right hand,
|A |D   E |
Watchin' you sleep in the evenin' light,
|A |D E   A
Restin' up for a long, long ___ night.

Chorus 1

||A |D
'Cause when the sun goes down,   we'll be groovin'.
|A |E
When the sun goes down, we'll be feelin' alright.
|A |D |
When the sun ___ sinks down   over the water,
|A |D E A | |
Ev'rything gets hotter when the sun goes down, yeah.
|D E |A |D E A ||

Verse 2

||A |D   E |
All day long just takin' it eas - y,
|A |D   E |
Layin' in a hammock where it's ___ nice and breez - y
|A |D   E |
And sleepin' off the night before,
|A |D E A
'Cause when the sun goes down, we'll be back for more.

Copyright © 2003, 2004 Stage Three Songs, Sony/ATV Music Publishing LLC and Reservoir Media Music
All Rights for Stage Three Songs Administered by Stage Three Music (U.S.), Inc., a BMG Chrysalis Company
All Rights for Sony/ATV Music Publishing LLC Administered by Sony/ATV Music Publishing LLC, 424 Church Street, Suite 1200, Nashville, TN 37219
All Rights for Reservoir Media Music Administered by Reservoir Media Management, Inc.
Reservoir Media Music Administered by Alfred Music
All Rights Reserved   Used by Permission

Chorus 2

```
           ‖A                   |D
When the sun goes down,    we'll be groovin'.
              |A                    |E
When the sun goes down, we'll be feelin' alright.
                    |A          |D              |
When the sun ___ sinks down    over the water,
|A                              |D  E   A      ‖
 Ev'rything gets hotter when the sun goes down.
```

Steel Drum Solo

```
‖N.C.(A)   |(D) (E)  |(A)       |(D)  (E)   |
|(A)       |(D) (E)  |(A)       |D   E   A  ‖
```

Guitar Solo

```
‖A        |D  E   |A        |D     E   |
|A        |D  E   |A        |
```

Verse 3

```
|D E A      ‖A                |D      E      |
        This ___ old guitar and my dark sun - glasses,
|A                          |D        E      |
    This sweet concoction is smooth as molas - ses.
|A              |D        E
    Nothin' to do but breathe all day
          |A  N.C.              |D    A
Until the big moon rises and it's time ___ to play.
```

Chorus 3

```
‖:          ‖A          |D
 When the sun ___ goes down,    we'll be groovin'.
           |A                |E
When the sun goes down, we'll be feelin' alright.
              |A          |D              |
When the sun ___ sinks down    over the water,
|A                          |D   E    A   :‖
 Ev'rything gets hotter when the sun goes down.
```

Interlude

```
‖A       |D      |A      |E         |
|A       |D      |A      |D E A     |
```

Outro-Chorus   *Repeat Chorus 3 and fade*

You Had Me from Hello

Words and Music by
Skip Ewing and Kenny Chesney

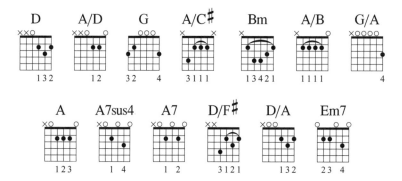

Intro   ‖: D |A/D |G | :‖

Verse 1
| |D | |A/C♯ |
One word,   that's all you said.
|Bm |A/B | G |
But something in your voice ___ caused me to turn ___ my head.
|G/A |D | |A/C♯ |
Your smile   just captured me
|Bm |A/B |G |
And you were in my fu - ture, far as I could see.
|A |G |D |
And I don't know how it hap - pened, but it happened still.
|Bm |A/B |G |A7sus4
You ask ___ me if I love ___ you, if I always will.

Copyright © 1999 Sony/ATV Music Publishing LLC and Roots And Boots Music
All Rights Administered by Sony/ATV Music Publishing LLC, 424 Church Street, Suite 1200, Nashville, TN 37219
International Copyright Secured   All Rights Reserved

Chorus 1

A7 |D |A/D |
Well, you had ___ me from hello.

|G |A |
I felt ___ love start to grow

|D/F♯ |Bm |G |D/A
The moment that I looked ___ into your eyes.

       A |D |A/D |
You owned me. It was o - ver from the start.

|G |A |D
You complete - ly stole my heart

     |Bm |G |
And now you won't let go.

   |Em7 | |A7sus4
I never even had a chance, you know.

     |A7 |
You had ___ me from hello.

Interlude

|D |A/D |G | |

|D |A/D |G |

Verse 2

      |D | |A/C♯| |Bm |
Inside   I built a wall ___ so   high around my heart

    A/B |G |
I thought I'd never fall.

|G/A |D | |A/C♯ |
One touch,   you brought it down,

   |Bm |A/B |G |
The bricks of my defens - es   scattered on ___ the ground.

    |A |G |D |
And I swore to me I was - n't gonna love ___ again.

   |Bm |A/B |G |A7sus4
The last time was the last ___ time I let someone in.

```
           A7 |D       |A/D                |
```
But, you had ___ me from hello.
```
|G        |A                      |
```
   I felt ___ love start to grow
```
|D/F♯ |Bm                   |G           |D/A
```
The moment that I looked ___ into your eyes.
```
         A       |D  |A/D              |
```
You owned me. It was o - ver from the start.
```
|G            |A            |D
```
   You complete - ly stole my heart
```
    |Bm           |G          |
```
And now you won't let go.
```
    |Em7          |              |A7sus4
```
I never even had a chance, you know.
```
         |A7              |D        |
```
You had ___ me from hello.

```
       |     A/C♯ |        |          |
```
That's all you said.
```
|Bm                  |A/B              |G
```
Something in your voice ___ caused me to turn ___ my head.
```
        |A7sus4       A7    |D  |A/D    |
```
You had ___ me from ___ hello.
```
|G       |A/C♯             |D   |A/D     |
```
   You had ___ me from hello.
```
|G       |A7              |D  |A/D  |G     |A7sus4  A7 |D      ‖
```
Girl, I've loved you from hel - lo.

You Save Me

Words and Music by
Brett James and Troy Verges

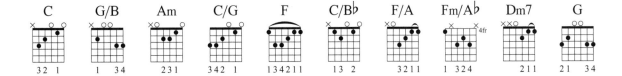

Intro

|C | |G/B | | |
|Am |C/G |F | ||

Verse 1

||C | |C/B♭ | |
Ev'ry now and then ____ I get a little lost.
| |F/A | |Fm/A♭ | | |
My strings all get tan - gled, my wires all get crossed.
|C | |C/B♭ | | |
Ev'ry now and then ____ I'm right upon the edge,
|F/A | |Fm/A♭ | | |
Danglin' my toes ____ out over the ledge.
|Dm7 | | |G | ||
I just thank ____ God you're here.

Chorus 1

||C | |G/B | |Am
'Cause when I'm bul - let shot out of a gun,
| | |F |G |C |
'Cause when I'm a fire - cracker comin' undone,
| | |G/B | |Am
When I'm a fu - gitive ready to run,
|C/G | |F |
All wild eyed and cra - zy,
| |Dm7 | | |G |
No matter where my reckless soul takes ____ me,
| |C | |G/B |Am |C/G |F |
Baby, you save me.

Copyright © 2005, 2006 Sony/ATV Music Publishing LLC, Reservoir Media Music, Stage Three Songs, Songs Of Universal, Inc. and Macadoo Music
All Rights on behalf of Sony/ATV Music Publishing LLC Administered by Sony/ATV Music Publishing LLC, 424 Church Street, Suite 1200, Nashville, TN 37219
All Rights on behalf of Reservoir Media Music Administered by Reservoir Media Management, Inc.
All Rights on behalf of Stage Three Songs Administered by Stage Three Music (US), Inc., a BMG Chrysalis Company
All Rights on behalf of Macadoo Music Controlled and Administered by Songs Of Universal, Inc.
Reservoir Media Music Administered by Alfred Music
International Copyright Secured   All Rights Reserved

Verse 2

```
|       ||C              |          |C/B♭        |
          It's hard lovin' a man ___ that's got a gypsy soul.
   |F/A              |
I  don't know how you do it,
    |Fm/A♭          |          |C              |
I'm not sure how you know the perfect thing to say
   |C/B♭           |
To save me from myself.
         |F/A              |          |
You're the angel that believes ___ in me
|Fm/A♭        |          |
 Like nobody else.
|Dm7             |          |G      |      ||
      And I thank ___ God you do.
```

Chorus 2

```
||C        |          |G/B       |        |Am        |
      'Cause when I'm a bul - let shot out of a gun,
|             |F      |G          |C        |
When I'm a fire - cracker comin' undone,
|            |G/B     |          |Am
When I'm a fu - gitive ready to run,
   |C/G              |F        |
All  wild eyed and cra - zy,
|      |Dm7           |              |G        |
      No matter where my reckless soul takes ___ me,
```

Guitar Solo

```
|       ||C        |          |G/B       |          |
Baby, you _____ save me.
| Am      |C/G      |F        |          ||
```

Bridge

```
‖G          |              |C          |              |G          |
      Well, I know I don't ___ tell you nearly enough
|              |F          |G          ‖C          |
I couldn't live ___ one day without your love.
```

Chorus 3

```
|              |G/B          |              |Am          |
When I'm a ship ___ tossed around ___ on the waves,
|              |F          |G          |C          |
Up on a high ___ wire that's ready to break,
|              |G/B          |              |Am          |
When I've had just about all ___ I can take,
|C/G          |F  |G          ‖C          |
Baby, you, ___ baby, you save ___ me.
```

Chorus 4

```
|              |G/B          |              |Am          |
 When I'm a bul - let shot out of a gun,
|              |F          |G          |C          |
When I'm a fire - cracker comin' undone,
|              |G/B          |              |Am
When I'm a fu - gitive ready to run,
 |C/G                    |F          |
All  wild eyed and cra - zy,
|          |Dm7          |              |G          |          |          |
      No matter where my reckless soul takes ___ me,
|          |C          |          |G/B          |  |Am  |C/G  |F  ‖
Baby, you _____ save me.
```

STRUM & SING

WITH

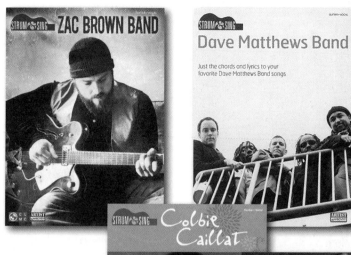

GUITAR

SARA BAREILLES
00102354......$12.99

ZAC BROWN BAND
02501620......$12.99

COLBIE CAILLAT
02501725......$14.99

CAMPFIRE FOLK SONGS
02500686......$10.99

BEST OF KENNY CHESNEY
00142457......$14.99

JOHN DENVER COLLECTION
02500632......$9.95

EASY ACOUSTIC SONGS
00125478......$12.99

50 CHILDREN'S SONGS
02500825......$7.95

THE 5 CHORD SONGBOOK
02501718......$10.99

FOLK SONGS
02501482......$9.99

FOLK/ROCK FAVORITES
02501669......$9.99

40 POP/ROCK HITS
02500633......$9.95

THE 4 CHORD SONGBOOK
02501533......$10.99

THE 4-CHORD COUNTRY SONGBOOK
00114936......$12.99

HITS OF THE '60S
02501138......$10.95

HITS OF THE '70S
02500871......$9.99

HYMNS
02501125......$8.99

JACK JOHNSON
02500858......$16.99

CAROLE KING
00115243......$10.99

DAVE MATTHEWS BAND
02501078......$10.95

JOHN MAYER
02501636......$10.99

INGRID MICHAELSON
02501634......$10.99

THE MOST REQUESTED SONGS
02501748......$10.99

JASON MRAZ
02501452......$14.99

ROCK AROUND THE CLOCK
00103625......$12.99

ROCK BALLADS
02500872......$9.95

THE 6 CHORD SONGBOOK
02502277......$10.99

CAT STEVENS
00116827......$10.99

TODAY'S HITS
00119301......$10.99

KEITH URBAN
00118558......$12.99

NEIL YOUNG – GREATEST HITS
00138270......$12.99

UKULELE

COLBIE CAILLAT
02501731......$10.99

JOHN DENVER
02501694......$10.99

JACK JOHNSON
02501702......$14.99

JOHN MAYER
02501706......$10.99

INGRID MICHAELSON
02501741......$10.99

THE MOST REQUESTED SONGS
02501453......$10.99

JASON MRAZ
02501753......$14.99

SING-ALONG SONGS
02501710......$14.99

7777 W. BLUEMOUND RD. P.O. BOX 13819 MILWAUKEE, WI 53213

Prices, content, and availability subject to change without notice.

0515